yukismart.com/b/600976

appel

elma

banaan

muz

peer

armut

kers

kiraz

limoen

misket limonu

citroen

limon

kweepeer

ayva

kiwi

kivi

druiven

üzüm

watermeloen

karpuz

sinaasappel

portakal

clementine

klemantin mandalina

aardbei

çilek

framboos

ahududu

veenbes

kızılcık

bosbes

yaban mersini

bes

frenk üzümü

braambes

böğürtlen

meyve suyu

jam

reçel

geroosterd brood

kızarmış ekmek

grapefruit

greyfurt

meloen

kavun

pompelmoes

pomelo

kumquat

kamkat

mirabel pruim

mirabelle eriği

perzik

şeftali

abrikoos

kayısı

pruim

erik

ananas

ananas

granaatappel

nar

olijf

zeytin

vijg

incir

dadel

hurma

avocado

avokado

lychee

liçi

kaki

trabzon hurması

stervrucht

yıldız meyvesi

mango

mango

ramboetan

rambutan

longan

longan

langsat

langsat

mangosteen

mangostan

jackfruit

jak meyvesi

sapodilla

sapodilla

guave

guava

jujube

hünnap

durian

durian meyvesi

zuurzak

tarçınelması

papaja

papaya

drakenfruit

ejder meyvesi

kokosnoot

hindistan cevizi

cacao

kakao

chocolade

çikolata

aardappel

patates

maïs

mısır

yam

tatlı patates

pompoen

bal kabağı

flespompoen

butternut kabağı

cassave

manyok

wortel

havuç

tomaat

domates

paddenstoel

mantar

broccoli

brokoli

asperge

kuşkonmaz

artisjok

enginar

komkommer

salatalık

spinazie

ıspanak

bloemkool

karnabahar

courgette

kabak

sla

marul

kool

lahana

aubergine

patlıcan

raap

şalgam

radijs

turp

biet

pancar

rabarber

ravent

spruitje

Brüksel lahanası

prei

pırasa

munt

nane

knolselderij

kereviz

andijvie

hindiba

selderij

kereviz

erwten

bezelye

kikkererwten

nohut

sperzieboon

taze fasulye

rode boon

kırmızı fasulye

mungoboon

maş fasulyesi

venkel

rezene

pastinaak

yaban havucu

paprika

dolmalık biber

chili peper

acı biber

peper

biber

ui
soğan

gember
zencefil

knoflook
sarımsak

macadamia

makademya fındığı

pecannoten

pekan cevizi

cashewnoot

kaju fıstığı

hazelnoten

fındıklar

amandel

badem

pistache

fıstık

pinda

yer fıstığı

kastanje

kestane

walnoten

ceviz